1 MONTH OF
FREE
READING

at

www.ForgottenBooks.com

By purchasing this book you are eligible for one month membership to ForgottenBooks.com, giving you unlimited access to our entire collection of over 1,000,000 titles via our web site and mobile apps.

To claim your free month visit: www.forgottenbooks.com/free1340308

ISBN 978-0-365-09135-6
PIBN 11340308

Das Verhältniss von Staat und Kirche.

Das

Verhältniss von Staat und Kirche

aus

dem Begriff von Staat und Kirche entwickelt

von

Dr. Rudolph Sohm,

ord. Professor des Kirchenrechts an der Universität Strassburg.

———

Tübingen, 1873.
Verlag der H. Laupp'schen Buchhandlung.

Druck von H. Laupp in Tübingen.

Vorwort.

Die vorliegende Abhandlung ist keine Streitschrift, sondern eine wissenschaftliche Untersuchung. Sie soll das Urtheil finden helfen, welches von Rechts wegen in dem grossen Kampf von Staat und Kirche zu sprechen ist. Denn es ist ein Kampf um's Recht. Es ist kein Kriegsverfahren, welches durch die physische Gewalt, sondern ein Rechtsverfahren, welches, wenn schon durch kein Gericht, dennoch durch ideale Mächte entschieden wird.

In Preussen ist der Rechtsgang in sein erstes Stadium getreten. Die preussische Verfassung hatte der Kirche die Freiheit der Privatcorporation zu den Privilegien der öffentlichen Corporation gegeben. Diesen inneren Widerspruch wollen die Vorlagen der preussischen Regierung beseitigen. Die Beschränkungen des kirchlichen Selbstregiments bedeuten die volle Verbindung der Kirche als eines öffentlichen Gemeinwesens mit dem Staat. Wenn dagegen die eine Parthei im vermeintlichen Interesse der Kirche es für möglich

hält, die Kirche zum Staat zugleich in Trennungs-
verhältniss (für die Selbstregierung) und in Ver-
bindungsverhältniss (für die Privilegien) zu setzen,
die andere Parthei im Interesse der Doctrin von
der „Freiheit" die volle Trennung von Kirche und
Staat anstrebt, als ob es möglich wäre, die Kirche
rechtlich einem Gesangverein oder Turnverein
gleich zu behandeln, so liegt hier wie dort ein
Verkennen der r e c h t l i c h e n Natur der Kirche zu
Grunde, an dessen Beseitigung kein Anderer zu
arbeiten fähig und berufen ist, als die Wissenschaft.

In diesem Sinne habe ich mich entschlossen,
die vorliegenden Blätter aus der Verborgenheit
einer kirchenrechtlichen Zeitschrift vor das grosse
Publicum treten zu lassen.

Strassburg 22. Januar 1873.

Rudolph Sohm.

Inhalt.

Die Fragen: was ist Kirche? was ist Staat? bewegen gegenwärtig nicht blos die Wissenschaft, sondern das praktische Leben. Das vaticanische Concil hat in Deutschland den Kampf zwischen Staat und Kirche heraufbeschworen. Wie zu den Zeiten der Reformatoren auf religiösem Gebiet, so ist wiederum jetzt auf kirchenpolitischem Gebiet Deutschland die Ehre des Vorstreits zugefallen. Der Kampf zwischen Staatsgewalt und Kirchengewalt ruft auch die deutsche Wissenschaft in die Schranken. Sie hat unmittelbar an der Entscheidung des Kampfes mitzuarbeiten. Der Kampf zwischen Staat und Kirche ist an erster Stelle ein Kampf nicht der realen Gewalten, sondern ein Kampf der Geister. Er fordert nicht zunächst die Schärfe des Schwertes, sondern die Schärfe der Begriffe.

I. Der Staat.

Die vielfältigen Verbände, welche die Formen des menschlichen Gemeinlebens darstellen, unterscheiden sich und gewinnen deshalb ihre Definition durch ihre verschiedenen Aufgaben. Der Begriff des Staats folgt aus der Aufgabe des Staats: nicht

aus der Fülle von Aufgaben, welche den modernen
Staat kennzeichnet, d. h. nicht aus der Reihe von
Aufgaben, welche für den Staat möglich sind,
sondern aus der Aufgabe, welche überall wieder-
kehrt, wo uns der Staat begegnet, an deren Erfüllung wir das Dasein eines Staats erkennen,
d. h. aus der Aufgabe, welche dem Staat wesentlich ist. Diese Aufgabe ist die Vollstreckung des
Rechtsgesetzes. Der Begriff des Staats folgt aus
dem Begriff des Rechts.

Der Begriff des Rechts ist aus dem Begriff
des ethischen Gesetzes zu finden. Ethische Gesetze
sind Willensgesetze um der Vollkommenheit des
Willens, d. h. um der Vollkommenheit des Menschen willen. Willensvollkommenheit ist die Congruenz des menschlichen Willens mit dem göttlichen.
Das ethische Gesetz will die Aufhebung der Sünde,
welche der Widerspruch des menschlichen Willens
gegen den Willen Gottes ist.

Es giebt zwei Arten ethischer Gesetze: Sitten-
gesetze und Rechtsgesetze. Das Sittengesetz ist
das geoffenbarte göttliche Gesetz des menschlichen
Willens. Das Sittengesetz ist das aus dem Verhältniss des Menschen zu Gott unmittelbar
folgende ethische Gesetz. Sein Ziel, und zwar sein
unmittelbares Ziel ist die Aufhebung der Sünde,
die Erfüllung des göttlichen Willens.

Das Rechtsgesetz ist das menschlich hervorgebrachte, deshalb der historischen Entstehung und Wandelung unterworfene ethische Gesetz. Das Rechtsgesetz folgt unmittelbar nicht aus dem Verhältniss des Menschen zu Gott, sondern aus dem Verhältniss des Menschen zum Menschen. Das Rechtsgesetz nimmt zu der Aufgabe der ethischen Gesetze eine andere Stellung als das Sittengesetz. Das Rechtsgesetz stellt sich die Congruenz des menschlichen Willens mit dem göttlichen nicht zu seiner unmittelbaren, sondern nur zu seiner mittelbaren Aufgabe. Die unmittelbare Aufgabe des Rechts ist lediglich die Congruenz des menschlichen Willens mit dem menschlichen. Das Recht ist das Gesetz nicht der Unterordnung des menschlichen Willens unter den göttlichen, sondern der Ueberordnung des einen menschlichen Willens über den andern. Das Recht will die Befreiung des Willens nicht wie das Sittengesetz durch eigene Ueberwindung, sondern durch Ueberwindung fremden Willens. Das Recht will die Befreiung des Willens durch Aufhebung des Kampfes der verschiedenen menschlichen Willen gegen einander, des bellum omnium contra omnes, d. h. durch Regulirung der Willensherrschaft. Das Rechtsgesetz ist Machtgesetz, Gesetz der Machtverhältnisse innerhalb des menschlichen Gemeinlebens. Damit ist der volle Gegensatz zwischen Sittengesetz und Rechtsgesetz gegeben.

Das Sittengesetz ist kein Macht vertheilendes Gesetz. Aber das Recht ist Machtgesetz um desselben letzten Zieles willen wie das Sittengesetz. Das Recht ist Machtgesetz um der Aufhebung der Sünde, d. h. um der Erfüllung des Sittengesetzes willen. Von allen anderen Machtgesetzen unterscheidet das R e c h t s gesetz sich dadurch, dass es im Dienst des Sittengesetzes steht. Allerdings, das Recht ist weit entfernt, der Executor für das Sittengesetz zu sein. Wäre das Rechtsgesetz das in Zwangsform erscheinende Sittengesetz, so würde das Recht die A u f h e b u n g der Sittlichkeit bedeuten. Das Sittengesetz übt formell überall keinen, und materiell einen lediglich negativen Einfluss auf den Inhalt des Rechtsgesetzes. Seinen Inhalt gewinnt das Recht aus sich selbst, und nicht aus der Moral. Aber diese Selbständigkeit des Inhalts ist weit entfernt, die Identität der Aufgabe von Sittengesetz und Rechtsgesetz auszuschliessen. Das Rechtsgesetz will die Congruenz des menschlichen Willens mit dem menschlichen, um die ä u s s e r e n H i n d e r n i s s e zu beseitigen, welche der sittlichen Entwickelung, der Congruenz des menschlichen Willens mit dem göttlichen, entgegenstehen. Das Recht will die f r e i e Unterordnung unter das Sittengesetz ermöglichen. Es will die äussere Freiheit um der inneren Freiheit willen. Für das Verhältniss des Rechtsgesetzes zum Sittengesetz, für

diese sittliche Nothwendigkeit des Rechtsgesetzes ist die Thatsache, dass wir die Rechts-
pflicht zugleich als sittliche Pflicht empfinden, wie
der klarste Ausdruck so der unwiderlegliche Beweis.
Das Recht ist das ethische Gesetz der Machtverhältnisse innerhalb des menschlichen Gemeinlebens.

Der Staat ist begrifflich die Macht, welche
das Rechtsgesetz vollstreckt. Das heisst nach dem
Vorigen: der Staat ist die Macht, welche das Gesetz der Machtverhältnisse realisirt. Was das Recht
als Gesetz, ist der Staat als Macht. Der Staat
ist die Macht über den Machtverhältnissen. Der
Staat ist die höchste, souveräne Macht innerhalb
des menschlichen Gemeinlebens. Die Souveränetät,
durch welche die Staatsgewalt sich vor allen anderen Gewalten auszeichnet, folgt mit logischer
Nothwendigkeit aus der vorher dem Staat als
wesentlich gesetzten Aufgabe, und nur aus dieser.
Die Souveränetät der Staatsgewalt erbringt zugleich
rückwärts den Beweis für die gegebene Definition
von Recht und Staat.

Weil der Staat Rechtsanstalt ist, ist er Macht-
anstalt, Anstalt zur Regulirung der Machtverhält-
nisse, zur Entwickelung der höchsten Macht.
Der Staat unterscheidet sich von allen anderen
Verbänden dadurch, dass seinem Begriff nach die
Macht ihm Zweck ist. Der Staat ist um der
Staatsgewalt willen da, ist da, damit eine allen

anderen Mächten überlegene, souveräne Macht existire. Und zwar im Dienst des Rechtsgesetzes d. h. zugleich im Dienst des Sittengesetzes. Der Staat ist dazu da, damit das ethische Gesetz der Machtverhältnisse seine Realisirung finde. Wie das Recht, so ist der Staat ethisch gefordert, gefordert um der höchsten Aufgabe des Menschen, der Vollkommenheit des Menschen willen. Gewiss, der Staat ist nicht dazu da, das Sittengesetz, sondern nur das Rechtsgesetz zu exequiren. Der Staat soll, gleich dem Recht, nur eine negative Function im Dienste des Sittengesetzes üben. Aber er findet die Rechtfertigung seiner Existenz nicht in irgend welchen praktischen Vortheilen, sondern lediglich in diesem seinem ethischen Werth, den er als Hüter des Rechtsgesetzes und damit als Diener des Sittengesetzes empfängt. Der Staat will, gleich dem Recht, die freie Unterordnung unter das Sittengesetz ermöglichen. Er will die äussere Freiheit um der inneren Freiheit willen. Der Staat ist, gleich dem Recht, die nothwendige Voraussetzung für die sittliche Entwickelung. Deshalb empfinden wir den Gehorsam gegen die Staatsgewalt zugleich als sittliche Pflicht, auch hier der klarste Ausdruck und der unwiderlegliche Beweis für die sittliche Nothwendigkeit der Staatsgewalt. Der Staat ist die ethische Macht

zur Regulirung der Machtverhältnisse des menschlichen Gemeinlebens.

Der mittelalterliche deutsche Staat beschränkt
sich auf die Aufgabe, deren Erfüllung den Staat
zum Staat macht, die Vollstreckung des Rechtsgesetzes. In diesem Sinne ist der mittelalterliche
Staat lediglich ein Rechtsstaat. Seine Aufgabe ist
eine lediglich negative.

Neben dem Staat besteht im Mittelalter eine
ganze Reihe von anderen Verbänden, welche die
positive Fürsorge für die Culturinteressen des
menschlichen Gemeinlebens sich zur Aufgabe setzen.
Der mittelalterliche Staat bekümmert sich nicht
um die besonderen Interessen des Landbaus. Die
landwirthschaftliche Polizei ist nicht Staatspolizei,
sondern Markgenossenschaftspolizei, d. h. Polizei
der uralten Verbände der Landwirthe. Die landwirthschaftliche Gesetzgebung ist nicht Staatsgesetzgebung (es giebt überall im Mittelalter keine
Gesetzgebungsgewalt des Staats), sondern Gesetzgebung der Markgenossenschaft. In der Land-
wirthschaft ist die Forstwirthschaft enthalten. Die
meisten Waldungen sind Markwaldungen. Es giebt
keine staatliche Forstpolizei und keine staatliche
Forstgesetzgebung. Forstpolizei und Forstgesetzgebung ist in der Selbstregierungsgewalt der Mark-
genossenschaften enthalten. Der mittelalterliche
Staat kümmert sich ebenso nicht um die besonderen

Interessen des städtischen Lebens. In den Städten
entwickelt sich das Gewerbe und seine Organisation durch die Zunftverfassung. Nicht durch Ein-
greifen der Staatsgewalt. Der mittelalterliche Staat
hat weder das Princip der Gewerbefreiheit, noch
das Princip des Zunftzwangs. Die Gewerbepolizei,
die Gewerbegesetzgebung wird nicht vom Staat,
sondern von der Stadt als autonomer Corporation,
und in Unterordnung unter die Stadt von den
Zünften, den Verbänden der Gewerbetreibenden,
verwaltet. Der mittelalterliche Staat kümmert sich
ebenso wenig um das Unterrichtswesen. Die öffentliche Erziehung ist im Mittelalter in den Händen
der Kirche, nicht des Staates.

Es ist im Vorigen eine Reihe von Aufgaben
herausgegriffen, welche wir jetzt nur als Staatsaufgaben zu denken im Stande sind, denen nichtsdestoweniger der mittelalterliche Staat sich entzieht.
Der moderne Staat unterscheidet sich dadurch,
dass er nicht blos Rechtsstaat, sondern zugleich
Culturstaat ist. Er setzt sich zur Aufgabe, nicht
blos freie Bahn für die sittliche, sondern auch,
soweit es nöthig ist, die positiven Voraussetzungen
für die culturliche, menschenwürdige Entwickelung
seiner Angehörigen zu schaffen. Die Aufgaben des
modernen Staates als Culturstaats sind· nicht unmittelbar durch den Begriff des Staates gefordert,
aber sie folgen aus dem Begriff des Staats. Die

Anforderungen des Rechtslebens e r z e u g e n den
Staat, die höchste, souveräne Gewalt. Die Anforderungen des Culturlebens vermögen den Staat
nicht zu erzeugen, aber ihn in ihren Dienst zu
rufen. Die Thatsache, dass eine höchste Gewalt
existirt, fordert ihre Thätigkeit heraus, sobald die
Interessen des Culturlebens das Einschreiten einer
höchsten Gewalt nothwendig machen. Die Zu-
ständigkeit der höchsten Gewalt wirkt für den Staat
wie berechtigend so verpflichtend. Die Staatsgewalt ist eine ethisch bestimmte, nicht eine egoistisch
gerichtete Gewalt. Der D i e n s t, den die Staatsgewalt im Interesse der freien sittlichen Entwickelung zu leisten berufen ist, fordert ihre Thätigkeit
heraus nicht bloss für die unentbehrliche Function
der Vollstreckung des Rechtsgesetzes, sondern,
soweit die ihr zuständige Macht überhaupt Dienst
zu leisten im Stande ist. Der Staatsbegriff ist für
das Mittelalter der nämliche wie für uns, aber die
moderne Zeit unterscheidet sich dadurch, dass sie
die Pflichten in ihrem vollen Umfang erkennt und
anerkennt, welche dem Staat aus der Thatsache
erwachsen, dass er die h ö c h s t e e t h i s c h e M a c h t
des menschlichen Gemeinlebens darstellt.

H. Die Kirche.

Ohne Ausnahme und ohne Bedenken entnimmt die jetzt herrschende Lehre des Kirchenrechts den Begriff der Kirche der Theologie. Die katholischen Lehrer des Kirchenrechts stehen auf dem Boden der katholischen, die protestantischen auf dem Boden der protestantischen Lehre. Dort bilden die katholischen Bekenntnissschriften, hier die Bibel und die protestantischen Bekenntnissschriften die Grundlage für die Definition [1]). Dort wird demgemäss nur die katholische Kirche als Kirche angesehen, hier die Zugehörigkeit auch der lutherischen und reformirten Kirche zu der „Einen Kirche" behauptet [2]).

Von protestantischer Seite hat Jacobson eine besondere Untersuchung über den Begriff der Kirche und über das Verhältniss der Theologie zum Kirchenrecht angestellt [3]). Sein Resultat ist:

---

[1]) Es genügt hier zu citiren: Phillips, Kirchenrecht I, S. 9. Lehrbuch §. 2. Walter, Kirchenrecht (14. Aufl.) §. 11. Schulte, Kirchenrecht I, S. 7. Lehrbuch (2. Aufl.) S. 5. — Richter-Dove, Kirchenrecht (7. Aufl.) §. 1.—3. Mejer, Kirchenrecht (3. Aufl.) §. 1. ff. §. 59.

[2]) Vgl. die Polemik bei Richter-Dove, Kirchenrecht, 6. Aufl., §. 2. Note 1. gegen Walter, Phillips, Schulte.

[3]) Jacobson, Kirchenrechtliche Versuche zur Begründung eines Systems des Kirchenrechts. Erster Beitrag. Königsberg 1831. Abhandlung II. III.

die Kirche ist „das Reich Gottes", „die Vereinigung aller Gläubigen in Christo und durch Christus
mit Gott", welche vom Theologen „mehr von der
inneren geistigen", vom Juristen „mehr von der
äusseren irdischen Seite" aufgefasst werde. Es
ergiebt sich ihm demnach, dass „der Theologe
und Jurist denselben Gegenstand bearbeiten" [4]).

Von katholischer Seite hat Gerlach sich
monographisch über die Definition des Kirchenrechts verbreitet [5]). Er fasst selber das Resultat
seiner Untersuchungen dahin zusammen [6]): „Ohne
zu wissen, was Recht und was Kirche ist, kann
man zu einem Begriffe von Kirchenrecht nicht
gelangen. Die Jurisprudenz aber definirt das Recht,
und die Theologie die Kirche".

Bei den katholischen wie bei den protestantischen Vertretern des Kirchenrechts kehrt dieselbe
Grundanschauung wieder, dass der Begriff der
Kirche auch für das Recht durch Glaubenssätze,
nicht durch Rechtssätze bestimmt wird, dass der
Begriff der Kirche im Rechtssinn mit dem Begriff
der Kirche im Lehrsinn zusammenfällt, klarer
ausgedrückt, dass ein Rechtsbegriff der
Kirche nicht existirt.

---

[4]) Jacobson a. a. O. S. 7. 122. 144.

[5]) Gerlach, Logisch-juristische Abhandlung über die
Definition des Kirchenrechts. Paderborn 1862.

[6]) Gerlach, Lehrbuch des katholischen Kirchenrechts.
2. Aufl. Paderborn 1872. S. 1.

Nur schwache Ansätze finden sich, und zwar bei protestantischen Schriftstellern, den Begriff der Kirche im Rechtssinn von dem Begriff der Kirche im Sinn der Glaubensbekenntnisse zu sondern. Für die katholische Auffassung ist schon die Kirche im Lehrsinn eine äusserlich gestaltete, sichtbare Gemeinschaft, welche der rechtlichen Existenz unmittelbar fähig erscheint. Der protestantischen Lehre ist dagegen d i e Kirche die unsichtbare, äusserlich nicht dargestellte, noch darstellbare Gesammtheit aller wahrhaft Gläubigen. Der protestantische Kirchenbegriff drängt zur Unterscheidung der äusseren, rechtlichen Kirchengemeinschaft von der Kirchengemeinschaft im Lehrsinn. Nichtsdestoweniger ist auch hier die Frage nach dem R e c h t s begriff der Kirche kaum einmal gestellt worden [7]). Die Aufgabe ist nur empfunden, nicht

---

[7]) Eine Anregung zur Unterscheidung der »geistlichen« und »rechtlichen« Kirche hat Puchta, Einleitung in das Recht der Kirche (Leipzig 1840) S. 64 ff. gegeben, und folgt ihm v. Scheurl, die geistliche und die rechtliche Kirche (1861, in der Zeitschrift für Protestantismus und Kirche Bd. 41, S. 343 ff., jetzt in seiner Sammlung kirchenrechtlicher Abhandlungen S. 265 ff.), doch begnügt sich Puchta, die »rechtliche« Kirche als »äussere Kirche« zu definiren, und kommt auch v. Scheurl, der für eine Reihe von Einzelfragen den fraglichen Gegensatz treffend verwerthet hat, nicht darüber hinaus, die »rechtliche« Kirche im Gegensatz zur »geistlichen« durch die »äusserliche Nothwendigkeit«, welche ihren Organismus zusammenhalte, zu charakterisiren.

formulirt, noch weniger eine rechtsgenügende Lösung gegeben worden. Der Gegensatz, auf welchen
der protestantische Kirchenbegriff unmittelbar hin-
führt, ist mit dem Gegensatz der unsichtbaren und
der „sichtbaren" Kirche als identisch gesetzt
worden, und damit die gerade für das Recht
Gedanken treibende Kraft des protestantischen
Kirchenbegriffs entkräftet. Der Begriff der sichtbaren Kirche erscheint bei protestantischen
Schriftstellern als Surrogat des Rechtsbegriffs der
Kirche [7a]). Aber der Begriff der sichtbaren Kirche
steht gleich dem Begriff der unsichtbaren Kirche
auf dem Boden der Bekenntnisse, und nicht
auf dem Boden des Rechts. Die sichtbare Kirche

— Die Abhandlung von Herrmann, Ueber die Stellung
der Religionsgemeinschaften im Staate (Göttingen 1849)
zeichnet sich durch Klarheit über die den rechtlichen
Unterschied von Kirche und Secte begründenden Momente
aus, doch lag es nicht im Plan seiner Ausführung, diese
Frage zum eigentlichen Zielpunkt seiner Untersuchung zu
machen. — v. Schulte, Lehrbuch (2. Aufl.) S. 5. Note 18
giebt einen dem Rechtsbegriff der Kirche nahe kommenden
Begriff als Definition der Kirche »für das Staatsrecht« (nicht
für das Kirchenrecht), welcher »zufolge der Entwicklung
seit dem 16. Jahrhundert« von »der Jurisprudenz« ausge-
bildet sei.

[7a]) Vgl. z. B. Mejer, Kirchenrecht, 3. Aufl. §. 4.:
»Von Kirchenrecht kann selbstverständlich nur für diese
sichtbaren Kirchen geredet werden.» Es sind die verschiedenen Bekenntnisskirchen im Gegensatz zu der Einen von
Christus gestifteten Kirche gemeint.

ist als solche lediglich eine Kirche im Lehrsinn, und nicht im Rechtssinn. Es braucht nur daran erinnert zu werden, dass auch die sichtbare Kirche Luther's, d. h. die an der richtigen Wort- und Sacramentsverwaltung erkennbare Kirche, nur eine Kirche ist und, gleich der unsichtbaren Kirche, über die verschiedenen äusseren Bekenntnissgemeinden sich verbreitet [8]).

Es kommt darauf an, den Begriff der Kirche für das Recht auf Rechtsboden zu stellen. So sicher das Wesen der Kirche für den Glauben unabhängig ist von der Entwickelung des Kirchenbegriffs durch das Recht, so sicher ist der Kirchenbegriff für das Recht unabhängig von der Verschiedenheit der Glaubensbekenntnisse. Die zweifellose Thatsache, dass es für das Recht nur einen Kirchenbegriff giebt, schliesst die ebenso zweifellose Consequenz in sich, dass der Rechtsbegriff der Kirche ein anderer ist als der Lehrbegriff.

Gewiss, das Recht hat den Begriff der Kirche nicht aus sich hervorgebracht. Das Recht bringt überhaupt seine Begriffe nicht aus sich selbst hervor, sondern schöpft sie aus den Ideen des thatsächlichen Lebens. Aber das Recht formulirt die Begriffe zum Zweck des eigenen Gebrauchs, um das Anwendungsgebiet seiner Rechtssätze zu be-

---

[8]) Vgl. Ritschl, in dieser Zeitschrift VIII., S. 232. ff.

stimmen. Der Begriff der Kirche ist durch das Christenthum in die Welt gebracht. Dem Alterthum ist die religiöse Gemeinschaft integrirender Bestandtheil der Staatsgemeinschaft. Erst das Christenthum hat die Idee zugleich der Unabhängigkeit des religiösen Verbandes vom politisch-nationalen, und, vor allen Dingen, des selbständigen ethischen Werthes der religiösen Gemeinschaft hervorgebracht. Der durch das Christenthum erzeugte Begriff der Kirche ist in das Recht eingetreten. Das Recht hat den Begriff der Kirche formulirt und ihn formuliren müssen für die Rechtssätze, welche auf die Kirche sich beziehen.

Der Begriff der Kirche im Rechtssinn ist durch Rechtssätze gegeben. Deshalb steht der Begriff der Kirche im Rechtssinn selbständig dem Begriff der Kirche im Lehrsinn gegenüber. Uns interessirt hier der Begriff der Kirche nur für das rechtliche Leben. In vollem Gegensatz zu der herrschenden Lehre lautet unsere Fragstellung nicht schlechthin: was ist Kirche? sondern: was ist Kirche im Rechtssinn?

Kirche im Rechtssinn ist eine Corporation, d. h. eine äusserlich organisirte Gemeinschaft. Das Recht ist das Macht vertheilende ethische Gesetz des äusseren menschlichen Gemeinlebens. Für das Recht existiren nur die äusserlich erkennbaren, die als solche auch äusserlich auftretenden Gemeinschaften. Erst die Verfassung bringt die Gemeinschaft Mehrerer zur äusserlichen, und damit zur rechtlichen Existenz. Die Verfassung schafft den Gemeinwillen und die Organe des Gemeinwillens. Sie schafft die Gemeinschaft dadurch, dass sie dieselbe willens- und handlungsfähig, und damit als Einheit nach aussenhin wirksam macht. Die Verfassung erzeugt die Körperlichkeit und damit die Sichtbarkeit der Corporation für das Recht. Kirche im Rechtssinn ist eine verfassungsmässig organisirte Gemeinschaft. Die Kirchenverfassung ist der Kirche im Rechtssinn wesentlich.

Es folgt daraus, dass die eine Kirche im Lehrsinn, die Gemeinde der Heiligen (im protestantischen Sinne aufgefasst) für das Recht überall nicht existirt. Die eine Kirche ist eine Kirche ohne Verfassung, ist eine Kirche, welche äusserlich als Gemeinschaft nicht erscheint, ist deshalb eine Kirche nur für den Glauben, nicht für das Recht. Es folgt ebenso, dass auch die mehrfach angenommene [9] „evangelisch-deutsche Gesammtkirche", dass auch eine „lutherische Gesammt-

---

[9] So von Herrmann, Scheurl, Mejer. Vgl. Bierling, Gesetzgebungsrecht der evangelischen Landeskirchen im Gebiete der Kirchenlehre (1869) S. 47. Note 27., der sich selber (S. 44. ff.) in sehr ausführlicher Darstellung gegen diese Ansicht ausspricht.

kirche" für das Recht nicht vorhanden ist. Die protestantische Kirche unterscheidet sich von der katholischen dadurch, dass sie juristisch keine Einheit ist, weil sie äusserlich nicht einheitlich organisirt ist. Nur in den einzelnen Landeskirchen hat die protestantische Kirche Körperlichkeit und damit Existenz für das Recht gewonnen. Soviel Verfassungen, soviel Kirchen im Rechtssinn. Weder die eine Kirche, noch die „eine" lutherische, reformirte, evangelische Kirche ist eine Kirche für das Recht, denn die Kirche im Rechtssinn ist eine Corporation.

Wie der Staat, so unterscheidet die Kirche im Rechtssinn von anderen Verbänden sich durch ihren Zweck. Kirche im Lehrsinn ist die Gemeinde der Heiligen. Kirche im Rechtssinn ist ist die äussere Gemeinschaft, deren Zweck die Erziehung der Gemeinde der Heiligen durch Verwaltung der Heilsmittel, durch Wort- und Sacramentsverwaltung ist. Kirche im Rechtssinn ist eine Corporation zur Verwaltung der Heilsmittel, eine äusserlich organisirte Heilsanstalt.

Mit diesem Zweck der Kirche hängt das andere, den Rechtsbegriff der Kirche vervollständigende, juristisch die Kirchencorporation vor anderen Corporationen auszeichnende Moment zu-

sammen: die Kirche im Rechtssinn ist eine ö f f e n t -
l i c h e C o r p o r a t i o n.

Die Corporationen zerfallen in öffentliche und
Privatcorporationen. Den Gegensatz — es ist ein
lediglich durch juristische Gründe bestimmter
Gegensatz — erzeugt die verschiedene Stellung,
welche das R e c h t zu der Corporation einnimmt.
Die Privatcorporation ist nur für das Privatrecht,
die öffentliche Corporation auch für das öffentliche
Recht vorhanden. Die Privatcorporation existirt
nur für das Privatrecht, als abstractes vermögensfähiges Wesen, weil das Recht den Zweck der
Privatcorporation, und damit ihren etwaigen ethischen Werth, ignorirt. Die öffentliche Corporation
dagegen ist die Corporation mit rechtlich rele-
vantem, mit rechtlich anerkanntem Zweck, sie ist
die um ihres Z w e c k e s willen d u r c h R e c h t s -
s ä t z e dem Staat e t h i s c h g l e i c h w e r t h i g
gesetzte Corporation. Der Staat steht im Dienst
des ethischen Gesetzes. Die öffentliche Corporation ist die vom Recht als g l e i c h e t h i s c h
n o t h w e n d i g behandelte Corporation. Die Rechtssätze, welche den gleichen ethischen Werth der
Corporation mit dem Staat ausdrücken, sind Rechtssätze des Staatsrechts. Es sind Rechtssätze, welche
den Staat zum D i e n s t der öffentlichen Corporation nöthigen, welche den Staat zur A n t h e i l -
n a h m e an dem Leben der Corporation berufen,

gerade um ihres ethischen Werthes willen. Die Privilegirung der öffentlichen Corporation durch den Staat, und die Beeinflussung des Corporationslebens in der öffentlichen Corporation durch den Staat sind die beiden Momente, in denen der vom Staat der öffentlichen Corporation zu leistende Dienst zum Ausdruck kommt. Das innere Leben der Privatcorporation ist dem Staat gleichgültig. Die öffentliche Corporation ist die durch ihr inneres Leben als solches den Staat interessirende Corporation, ist die Corporation, gegen deren Entwickelung und Ausgestaltung der Staat von Rechtswegen nicht gleichgültig sein darf. Die Rechtssätze, welche die Pflicht des Staates als der höchsten ethischen Macht nicht blos zur polizeilichen Ueberwachung des Corporationslebens (die Corporationspolizei ist vom Staat auch der Privatcorporation gegenüber zu handhaben), sondern zur Betheiligung am Corporationsleben berufen, diese Rechtssätze bringen die ethische Gleichberechtigung der Corporation mit dem Staat zum juristischen Ausdruck, sie begründen das Wesen der öffentlichen Corporation. Wir können den Begriff der öffentlichen Corporation demnach auch dahin definiren: öffentliche Corporation ist die mit dem Staat in Verbindung stehende Corporation.

Es erhellt die volle Bedeutung des Satzes, dass Kirche im Rechtsinn nur die mit öffentlicher Corporationsqualität bekleidete Kirchengemeinschaft ist. An diesem Punkt ist das allein juristisch die Kirche und die blosse Religionsgesellschaft unterscheidende Moment gegeben. Blosse Religionsgesellschaft, Secte im Rechtssinn, ist die Gemeinschaft zur Verwaltung der Heilsmittel mit blosser Privatcorporationsqualität, Kirche im Rechtssinn die Gemeinschaft mit öffentlicher Corporationsqualität.

Die hervorgehobene Eigenschaft der Kirche im Rechtssinn setzt sie durch ihren Begriff zu dem Staate in Beziehung. Die Consequenzen des aufgestellten Satzes, zugleich die Beweisgründe, welche seine Richtigkeit ergeben, entwickeln sich an der Hand der Lehre des Verhältnisses von Staat und Kirche, welche den eigentlichen Zielpunkt unserer Untersuchung darstellt.

III. Das Verhältniss von Staat und Kirche.

Kirche im Rechtssinn ist eine verfassungsmässig organisirte Corporation, d. h. eine Corporation mit Corporationsgewalt. Keine Corporation ohne Corporationsgewalt. Die Corporationsgewalt wird nothwendig durch die Verfassung erzeugt. Die Verfassung bewirkt die Organisation der Gesammtheit, die Erzeugung des

Gesammtwillens, welcher die Gesammtheit zur Gesammtheit macht, durch Subordination, durch Unterordnung der Einzelnen unter die Gesammtheit, d. h. durch Erzeugung und Vertheilung der Corporationsgewalt. Deshalb giebt es, wie keine Corporation ohne Corporationsverfassung, so keine Corporation ohne Corporationsgewalt.

Die Kirchengewalt ist Corporationsgewalt, nicht Staatsgewalt.

Die Kirche ist Heilsanstalt. Der Staat ist nicht Heilsanstalt. Die Aufgaben der Kirche sind andere als die des Staats. Die Kirche hat nicht Staatsaufgaben, sondern ihre eigenen Aufgaben zu erfüllen. Die Kirche ist nicht um des Staates willen, sondern um ihrer selbst willen da. Die Existenz der Kirche folgt nicht aus der Existenz des Staats. Den Grund ihres Bestehens trägt die Kirche in sich selbst. Die Kirche ist Heilsanstalt, nicht Staatsanstalt.

Die entwickelten Sätze bedeuten die Verschiedenheit von Staat und Kirche, bedeuten die Thatsache, von der schon im Vorigen ausgegangen ist, dass die Kirche nicht Glied des Staates, sondern ein selbstständiger Organismus ist, dass die Kirche eine dem Staat gegenüber stehende Corporation darstellt.

Die Verschiedenheit von Staat und Kirche

bedeutet aber ferner Verschiedenheit von
Staatsgewalt und Kirchengewalt. Der
Staat ist nicht Kirche, die Staatsgewalt bewegt sich
nicht in der Richtung der Kirchenzwecke: die
Staatsgewalt ist nicht Kirchenge-
walt[10]). Sie ist in der Staatsgewalt nicht enthalten. Sie ist von der Staatsgewalt nicht abge-
leitet. Sie ist durch die organisatorischen Vor-
gänge geschaffen, welche die Kirche, nicht durch
diejenigen, welche den Staat erzeugt haben. Die
Entstehung der Kirche ist zugleich Entstehung
der Kirchengewalt. Die Kirchengewalt steht der
Kirche nicht kraft staatlicher Verleihung, sondern
kraft ihrer Existenz zu. Die Kirchengewalt ist
eine der Kirche eignende Gewalt. Das heisst:
die Kirchengewalt ist Corporationsgewalt,
nicht Staatsgewalt.

Aus der Thatsache, dass der Staat nicht Sub-
ject der Kirchengewalt ist, folgt, dass ihm grund-
sätzlich die Ausübung der Kirchengewalt nicht
zusteht. Im Princip ist die Kirchengewalt von
der Kirche, d. h. von ihrem Träger, zu verwalten.

----

[10]) Es braucht kaum bemerkt zu werden, dass hier
unter Kirchengewalt nur das s. g. jus in sacra, die Regierungsgewalt in der Kirche, welche die einzige wahre
Kirchengewalt ist, nicht das s. g. jus circa sacra, die Kirchenhoheit, die Regierungsgewalt über die Kirche, welche
ihrem Begriff nach Staatsgewalt ist, verstanden wird.

Die Verschiedenheit von Staatsgewalt und Kirchen-
gewalt bedeutet die Verschiedenheit von
Staatsregiment und Kirchenregiment.
Das Kirchenregiment ist im Staatsregiment nicht
enthalten. Der Territorialismus, die Kirche als
Staatsanstalt und deshalb die Kirchengewalt als
Bestandtheil der Staatsgewalt setzend, folgerte
consequent die Identität von Staatsregiment und
Kirchenregiment, d. h. die Regierung der Kirche
durch den Staat. Aus der Thatsache, dass die
Kirche nicht integrirendes Glied des Staates ist,
ergiebt sich umgekehrt mit der gleichen logischen
Nothwendigkeit das Selbstregiment der Kirche.
Das Recht, sich selber zu regieren, ist ein der
Kirche kraft ihres Begriffes angeborenes Recht.
Die Kirche ist ihrem Wesen nach eine sich selber
regierende Corporation. Die moderne Entwickelung steht im Begriff, diesen Satz auch für die
protestantische Kirche zur Wahrheit zu machen.
Das Kirchenregiment ist Corporationsregi-
ment, nicht Staatsregiment.

Aber die Kirche ist eine öffentliche
Corporation.

Die Kirche ist Heilsanstalt. Die Kirche setzt
sich zur Aufgabe, Lehrerin, Verwalterin, Hüterin
der göttlichen Heilsordnung zu sein. Die Kirche
predigt die göttliche Offenbarung über das Verhältniss des Menschen zu Gott: das Sittengesetz.

Sie predigt die Sühne des Gesetzes: die Erlösung. Die Kirche steht in unmittelbarem Dienst des Sittengesetzes. Ihr unmittelbares Ziel ist die Erfüllung des göttlichen Willens: die Aufhebung der Sünde. Ihre Aufgabe ist die höchste Aufgabe, welche der Menschheit gestellt ist: die Vollkommenheit des Menschen. Ihre Aufgabe ist die gleiche wie die des Staats. Staat und Kirche stehen Beide im Dienst der menschlichen Vollkommenheit, der Staat im Dienst des Rechtsgesetzes, die Kirche im Dienst des Sittengesetzes. Wie der Staat unmittelbar durch das Rechtsgesetz, so ist die Kirche unmittelbar durch das Sittengesetz gefordert. Die Zweitheilung der ethischen Gesetze ergiebt die Zweitheilung der ethischen Mächte. Die Kirche ist ethisch gleich nothwendig wie der Staat. Die Kirche ist ethisch gleichberechtigt mit dem Staat.

Die entwickelte ethische Gleichberechtigung der Kirche mit dem Staat ist als solche rechtlich nicht vorhanden, macht als solche die Kirche noch nicht zur öffentlichen Corporation. Sie gelangt zur rechtlichen Existenz und Bedeutung erst durch Rechtssätze, welche die ethische Gleichberechtigung der Kirche mit dem Staat realisiren, rechtlich zum Ausdruck bringen. Eine öffentliche Corporation ist die durch Rechtssätze mit dem Staat als ethisch gleichwerthig gesetzte

Corporation. Die Kirche wird zur öffentlichen Corporation, sie wird zur Kirche im Rechtssinn erst durch das öffentliche Recht.

Die Rechtssätze, welche die ethische Gleichberechtigung der Kirche mit dem Staat aussprechen, sind die nämlichen, welche überhaupt das Wesen der öffentlichen Corporation begründen. Sie sind an erster Stelle privilegirende Rechtssätze. Dahin gehört die Behandlung der Kirchenbeamten als öffentliche Beamten: die Zutheilung der Beamtenprivilegien (beneficium competentiae u. s. w.) auch an die Kirchenbeamten, die Gewährung des öffentlichen Glaubens auch für die von Kirchenbeamten ausgestellten Zeugnisse. Dahin gehört die Zusage des weltlichen Arms für die Verfügung kirchlicher Verwaltungs- und Gerichtsbehörden: die Execution der kirchlichen Abgaben, die Vollstreckung geistlicher Urtheile. Dahin gehört die Anerkennung geistlichen Rechts, z. B. des Eherechts, als von nicht blos geistlicher, sondern auch weltlicher Wirkung. Dahin gehört die Sorge des Staates für die Ertheilung des Religionsunterrichts, die Uebung des staatlichen Schulzwangs im Interesse desselben, die Errichtung theologischer Facultäten an den Hochschulen. Dahin gehört die Bekleidung der kirchlichen Anstalten mit juristischer Persönlichkeit (Vermögensfähigkeit). Dahin gehört die Ausstattung der

Kirche mit Staatsmitteln. Dahin gehört endlich auch die Gewährung der Zeichen der Oeffentlichkeit, des öffentlichen Gottesdienstes, des Glockengeläutes u. s. f.

Es versteht sich von selber, dass weder die Fülle der aufgeführten Privilegien für die Eigenschaft der Kirche als einer öffentlichen Corporation nothwendig [11]), noch auch die Gewährung eines oder des anderen Privilegs (z. B. der Zeichen der Oeffentlichkeit, einer Dotation) hinreichend ist. Es kommt darauf an, dass in Privilegien der gedachten Art das ethische Interesse des Staates an der Kirche ausgesprochen sei, dass die Gleichstellung von geistlichen Beamten und Staatsbeamten, von geistlichem Recht und weltlichem Recht, von geistlicher Bildung und weltlicher Bildung u. s. f. die Idee der ethischen Gleichberechtigung der Kirche mit dem Staat zu realisiren bestimmt ist. Es kommt darauf an, dass die ethische Gleichberechtigung der Kirche mit dem Staat Princip des öffentlichen Rechts sei.

Die Rechtssätze, welche die ethische Gleichberechtigung der Kirche mit dem Staat ausspre-

---

[11]) Die Aufhebung der weltlichen Kraft des geistlichen Eherechts, d. h. die Einführung der Civilehe, bedeutet z. B. für sich allein noch keine Behandlung der Kirche als Privatcorporation, d. h. noch keine Trennung der Kirche vom Staat.

chen, sind aber auch ebenso Macht mindernde Rechtssätze für die Kirche. Derselbe ethische Werth des kirchlichen Lebens, welcher jene Privilegien der Kirche zuwendet, nöthigt den Staat kraft sittlicher Pflicht, sich zu dem kirchlichen Leben nicht blos durch Ertheilung von Privilegien, sondern unmittelbar durch Förderung und Antheilnahme in Beziehung zu setzen. Gewiss: die Staatsgewalt ist nicht Kirchengewalt, die Kirche hat sich selbst, nicht der Staat die Kirche zu regieren. Aber die ethische Bedeutung der Kirche fordert Antheilnahme des Staats an der Ausübung der Kirchengewalt, fordert, dass der Staat sich nicht gleichgültig gegen das innerkirchliche Leben verhalte, fordert, dass der Staat mit der Kirche am kirchlichen Leben arbeite. Der Staat ist die höchste ethische Macht des menschlichen Gemeinlebens. Der Dienst, welchen der Staat dem ethischen Gesetz zu leisten hat, nimmt seine Machtentwickelung auch innerhalb der Kirche in Anspruch, soweit staatliche Machtentwickelung nöthig ist, um den Staat von der Erfüllung ihrer hohen Aufgaben seitens der Kirche zu vergewissern. Gerade weil der Staat sich dessen bewusst ist, dass die Kirche mit ihm an demselben Ziele arbeitet, dass die Kirche dem Rechts- und Staatsleben seine sittliche Grundlage zu bereiten berufen ist, dass die Erfüllung der Kirchenaufgaben für

den Staat nicht gleichgültig ist, — ist es
die Pflicht des Staates, nicht blos, negativ ein-
schreitend, Kirchenhoheit, d. h. Vereinspolizei,
gegen etwaige Ausschreitungen des kirchlichen Lebens, sondern positiv zu einem Theile die Kirchengewalt selbst mit der Kirche zu üben. Der Staat
hat mit am Steuer zu stehen, um mitzuhelfen,
dass das Schiff der Kirche die rechte Bahn halte.
Es liegt darin nicht eine Herabsetzung der Kirche.
Die Betheiligung des Staats an der Ausübung der
Kirchengewalt ist umgekekrt die rechtliche
Form für die Anerkennung der Kirche
als ethisch gleichberechtigt mit dem
Staat. Die Machtminderung, welche der Kirche
durch die Theilnahmerechte des Staates wider-
fährt, ist Ausdruck desselben Rechtsprincips,
dem die vorhin entwickelte Machterhöhung durch
die Privilegien des öffentlichen Rechts entspringt.
Die Machtminderung der Kirchengewalt durch
die Theilnahmerechte des Staats ist, genau ge-
dacht, ebenso wie jene Vorrechte, ein Privileg
der Kirche. Sie zeichnet gleichfalls die Kirche
als öffentliche Corporation vor den Privatcorporationen aus. Sie ist in gleicher Weise Ausdruck
des ethischen Interesses, welches der Staat
dem kirchlichen Leben, nicht dem Leben der
Privatcorporation zuzuwenden berufen, und um

seiner selbst, um seiner höchsten Aufgaben willen zuzuwenden verpflichtet ist.

Aus diesem Gedankengang ergeben sich die Befugnisse, welche das moderne Recht insbesondere für das Verhältniss des Staates zur katholischen Kirche entwickelt hat: die Mitwirkung der Staatsgewalt bei der Ernennung der geistlichen Beamten, der Bischöfe wie der niederen Geistlichkeit, auch die Einwirkung, welche herkömmlich von den katholischen Mächten bei der Papstwahl und bei der Ernennung von Cardinälen geübt wird, die Mitwirkung des Staats bei der kirchlichen Vermögensverwaltung u. s. f. Insbesondere fällt unter den gegebenen Gesichtspunkt auch der Einfluss, welcher in einer Reihe von deutschen Staaten (Bayern, Württemberg, Baden) auf die wissenschaftliche Ausbildung, auch auf die theologisch-wissenschaftliche Ausbildung der Geistlichen geübt wird. Das Interesse des Staates an der rechten Verwaltung des geistlichen Amts, welches seine Mitwirkung bei der kirchlichen Stellenbesetzung begründet, berechtigt ihn ebenso, an diesem vor Allem entscheidenden Punkt, der gesammten Ausbildung der Geistlichen, neben der Kirche bestimmend in die innerkirchliche Entwickelung einzugreifen [12]).

---

[12]) Dies hat schon Dove in Richter's Kirchenrecht,

Gewiss kann auch an dieser Stelle kein fertiger Catalog der Befugnisse gegeben werden, welche dem Staat auf dem Gebiete des Kirchenregimentes zuzuweisen sind. Es genügt, klar zu stellen, dass diese Minderung des Selbstregiments der Kirche nur die andere Seite der Privilegirung der Kirche ist, dass sie mit der gleichen Nothwendigkeit aus der höchsten Werthschätzung des kirchlichen Lebens seitens des Staates hervorgeht, dass sie keine „Bevormundung", sondern die rechtliche Anerkennung der Kirche darstellt. Zugleich ergiebt sich aus diesem Gesichtspunkt das Maass der staatlichen Einwirkung auf das Gebiet des kirchlichen Lebens. Der Staat soll das Selbstregiment der Kirche nicht aufheben, sondern nur beeinflussen, soll unter möglichster Wahrung der kirchlichen Autonomie nur dafür zu sorgen berechtigt sein, dass die kirchliche Entwickelung nicht in Widerspruch mit jenen ethischen Interessen trete, zu deren höchstem Wächter er, der Staat selber, bestellt ist. Gerade in Anerkennung der Kirche als einer dem Staat ethisch gleichstehenden Macht sieht der Staat sich berufen, seinen Posten nicht blos der Kirche

---

6. Aufl. S. 499. Note 28. mit Recht hervorgehoben. Dagegen Hinschius, Kirchenrecht I., S. 60., dessen Anschauung Dove jetzt in der 7. Aufl. S. 535. Note 30. erfolgreich bekämpft.

gegenüber, sondern, soweit erforderlich, innerhalb der Kirche selbst zu nehmen.

Aus der rechtlichen Relevanz des Zwecks, durch welche die öffentliche Corporation vor der Privatcorporation sich auszeichnet, aus dem Umstande, dass an dem Corporationsleben der öffentlichen Corporation der Staat von Rechts wegen interessirt ist, folgt auch für die Kirche als öffentliche Corporation die doppelte Wirkung: Privilegirung durch den Staat, und Beeinflussung durch den Staat.

Die Bedeutung des Satzes, dass die Kirche im Rechtssinn eine öffentliche Corporation ist, hat sich aus dem Vorigen ergeben. Der Beweis des aufgestellten Satzes ist zugleich dadurch erbracht.

Die Privatcorporation ist die Corporation mit rechtlich irrelevantem Zweck. Zu den Zwecken der Privatcorporation nimmt das Recht nur eine negative Stellung, indem es Vereinigungen zu unsittlichem oder sonst unerlaubtem Zweck verbietet; im Uebrigen ist die Aufgabe der Privatcorporation von Rechtswegen gleichgültig. Das Recht sieht in der Privatcorporation nur einen Verein zu irgend welchem Zweck. Es gewährt der Privatcorporation die Vermögensfähigkeit, d. h. die privatrechtliche Voraussetzung für die Erreichung ihres Zwecks, ohne sich um die Realisirung des Zweckes, die innere Entwickelung des Corpora-

tionslebens zu kümmern. Die verschiedenen Privatcorporationen sind deshalb für das Recht ununter-
scheidbar, denn das Recht ignorirt den Zweck,
welcher das factisch unterscheidende Moment darstellt. Es giebt juristisch keine Arten der
Privatcorporation. Ein literarisches Museum ist
dem Recht genau dasselbe wie ein Privatverein
zu künstlerischen oder zu sittlichen oder zu
sonstigen Zwecken. Der Staat steht zu der einen
Privatcorporation so wenig in Beziehung wie zu
der andern. Die Privatcorporation existirt deshalb
nur für das Privatrecht, nicht für das öffentliche
Recht.

Behandelt das Recht die Kirche als Privatcorporation, setzt das Recht den Zweck der Kirche
als einen der vielen rechtlich irrelevanten Vereins-
zwecke, so wird die ethische Bedeutung der Kirche
als Gemeinschaft zur Verwaltung der Heilsmittel
von Rechtswegen ignorirt. Die Kirche als
Privatcorporation ist juristisch ein von anderen
Privatcorporationen nicht unterscheidbarer
Verein. Die Kirche als Privatcorporation ist
keine besondere Art der Corporation. Ist
die Kirche blos Privatcorporation, so ist der Zweck,
und damit ihre Kircheneigenschaft von
Rechtswegen gleichgültig. Die Kirche als Privatcorporation ist ein Verein, der einem literarischen
Museum und anderen Privatvereinen rechtlich

vollkommen gleich steht. Die Kirche als Privatcorporation ist für das Recht nicht Kirche, sondern blosses vermögensfähiges Wesen. Die Kirche als Privatcorporation ist für das Recht als Kirche überall nicht vorhanden. Behandelt das Recht jegliche kirchliche Gemeinschaft lediglich als Privatcorporation, so existirt überall keine Kirche im Rechtssinn, weil von Rechtswegen das die Kirche unterscheidende Moment, der Kirchenzweck, ignorirt wird. Nur die Kirche, welche öffentliche Corporation ist, existirt als Kirche für das Recht, unterschieden von anderen Vereinen. Kirche im Rechtssinn ist nur die öffentliche Corporation zur Verwaltung der Heilsmittel. Die öffentliche Corporationsqualität ist gleichbedeutend mit der rechtlichen Relevanz des Kirchenzwecks, mit der Existenz der Kircheneigenschaft für das Recht.

Eine Reihe von Consequenzen ist in dem gewonnenen Satz enthalten.

Die öffentliche Corporation ist eine mit dem Staat in Verbindung stehende Corporation (oben S. 25). Es ist schon gezeigt, in welche Art von Verbindung die Kirche als öffentliche Corporation mit dem Staat tritt. An dieser Stelle ergiebt sich ganz klar Begriff und Wirkung des viel gemissbrauchten Schlagwortes: Trennung von Staat und Kirche. Die Trennung von Staat und Kirche be-

deutet die Behandlung der Kirche als Privatcorporation: die Ignorirung des Kirchenzweckes
durch das Recht, und demgemäss durch den Staat.
Die Trennung von Staat und Kirche bewirkt einer-
seits die volle Loslösung der Kirchengewalt von
den Theilnahmerechten der Staatsgewalt, also die
volle Freiheit des kirchlichen Selbstregiments: der
Kirche als Privatcorporation gegenüber hat der
Staat, eben weil ihr inneres Corporationsleben als
rechtlich gleichgültig gilt, nur Vereinspolizei
(Kirchenhoheit) auszuüben. Die Privatcorporation
unterscheidet sich von der öffentlichen Corporation
durch die volle Freiheit ihrer inneren Bewegung.
Die Trennung von Staat und Kirche bewirkt die
Aufhebung der vorhin entwickelten Rechte des
Staats, kraft deren er positiv auf die Verwaltung
des Kirchenregiments einwirkt. Andererseits ist
aber Trennung von Staat und Kirche gleichbedeutend mit der Aufhebung auch der Privilegien
der Kirche, mit der Beseitigung der Gleichstellung geistlicher und öffentlicher Beamten, geistlichen und öffentlichen Rechts, geistlichen und öffentlichen Unterrichts. Die Kirche entzieht sich
durch die Trennung vom Staat zugleich der Machtminderung und der Machterhöhung, der Beeinflussung durch den Staat und der Privilegirung
durch den Staat, welche ihre Verbindung mit dem
Staat hervorbringt. Sie tritt in die volle Freiheit,

aber auch in die volle öffentlichrechtliche Bedeutungslosigkeit der Privatcorporation ein: sie verschwindet für das öffentliche Recht. Aus dem Vorigen ergiebt sich, dass diese „Trennung" von Staat und Kirche juristisch keine Trennung, sondern Vernichtung der Kirche im Rechtssinn bedeutet. Die Kirche, welche blosse Privatcorporation ist, ist juristisch keine Kirche. Die „Trennung" von Staat und Kirche bedeutet das Verschwinden der Kirche für das Recht. Es giebt dort keine Kirche im Rechtssinn, wo die Kirche lediglich als Privatcorporation gestellt ist. Der Rechtsbegriff der Kirche fordert die Verbindung von Kirche und Staat.

Vorhin hat sich die Verschiedenheit von Staat und Kirche, von Staatsgewalt und Kirchengewalt ergehen. Hier stellt sich heraus, dass die Verschiedenheit nicht zur Trennung, sondern zur Ehe führt. Die „Ehe" von Staat und Kirche ist nothwendig, damit überall neben dem Staat eine Kirche, neben der Staatsgewalt eine Kirchengewalt im Rechtssinn vorhanden sei. Und es steht ausser Zweifel: es soll im Staat eine Kirche nicht blos factisch, sondern auch von Rechtswegen existiren. Das öffentliche Recht soll die Thatsache nicht ignoriren, dass neben dem Staat die Kirche als ethisch gleichberechtigte Gemeinschaft erwachsen ist. Die Ueberzeugung, welche das Christenthum in die Welt gebracht hat, dass die Kirche als Heilsanstalt ethisch gleich nothwendig neben dem Staate steht, soll auch im Recht ihren Ausdruck finden. Gerade der Umstand, dass die Trennung von Staat und Kirche mit der Ignorirung der Kirche durch Recht und Staat gleichbedeutend ist, zeigt, dass die Trennung von Staat und Kirche sowohl mit der Aufgabe des Rechts, welches die dem thatsächlichen Lehen a d ä q u a t e Norm sein soll, wie mit dem Wesen des Staates als der höchsten e t h i s c h e n Macht i n W i d e r s p r u c h steht. Der Staat ist der Hüter des Rechtsgesetzes um des Sittengesetzes willen. Er m u s s an der Kirche interessirt sein, der Predigerin des göttlichen Gesetzes. Nicht ungestraft kann der Staat die gewaltige sittliche Macht ignoriren, deren Trägerin die Kirche in jeder ihrer Erscheinungsformen ist. Die Trennung der Kirche vom Staat darf nur die ultima ratio des Staates sein. Wehe dem Ultramontanismus, wenn er durch seine Entstellung und Schändung des Kirchenzwecks dem Staat die ultima ratio regum in die Hand zwingt!

Von dem entwickelten Gesichtspunkt aus ergiebt sich ferner der Standpunkt zu der neuerdings von M e j e r [13]) entwickelten Theorie von der „Freikirche". M e j e r hält nur zwei Formen des

---

[13]) Kirchenrecht 3. Aufl. S. 223. ff. Vorrede S. XVII. ff.

Verhältnisses von Staat und Kirche für an sich
consequent: das Verhältniss der Landeskirche, wie
es sich in den protestantischen Territorien Deutsch-
lands in der Reformationszeit entwickelt hatte, und
das nach seiner Auffassung jetzt in Entwickelung
begriffene Verhältniss der „Freikirche". Das Verhältniss der Landeskirche bedeutet die Regierung
der Kirche durch den Staat; das Verhältniss der
Freikirche die freie Selbstregierung der Kirche als
eines privaten Gesinnungsvereins. Die Freikirche
Mejer's ist die vom Staat getrennte Kirche, ist
die Kirche, welche nur Privatcorporation ist. Die
Entwickelung zur Freikirche ist nach dem Vorigen
eine Entwickelung zur Aufhebung der Kirche
im Rechtssinn. Die Landeskirche andererseits, die
vom Staat regierte Kirche, ist eine Kirche, welche
integrirendes Glied des Staates, ist eine Kirche
deren Verfassung Stück der Staatsverfassung,
deren Gewalt in Folge dessen Stück der Staatsgewalt ist. Die Landeskirche bedeutet gleichfalls
Aufhebung der Kirche im Rechtssinn, weil sie
die Vernichtung der Kirche als eines selbständigen Organismus darstellt. Die Kirche als
öffentliche Corporation, die Kirche im Rechtssinn,
ist der Gegensatz der Freikirche wie der Landeskirche. Die Mittelstellung zwischen Landeskirche und Freikirche, die Verbindung mit dem
Staat (und damit Privilegirung durch den Staat),

und dennoch die Verschiedenheit vom Staat, wie sie von der modernen Entwickelung angestrebt wird, ist nicht, wie Mejer es auffasst, eine äusserliche Vereinigung innerer Gegensätze, welche deshalb blosses Uebergangsstadium zu sein bestimmt wäre, sondern ist gerade die normale Stellung der Kirche zum Staat, welche durch den Begriff der Kirche wie des Staates gefordert ist. Das Toleranzprincip des modernen Staats, welches nach Mejer zur Behandlung der Kirche als Privatcorporation, d. h. nicht als Kirche führt, ergiebt lediglich die Consequenz, dass der Staat nicht blos eine Kirche, sondern mehrere Kirchen als dem Kirchenzweck entsprechende, deshalb ihm ethisch gleichberechtigte, von ihm zu privilegirende und zu beeinflussende öffentliche Corporationen setzt. Das Toleranzprincip führt nicht zur Aufhebung des Kirchenbegriffs für das Recht, sondern lediglich zur Lösung der bisherigen durch den Staat nicht blos anerkannten, sondern regierten Landeskirche vom Staat, d. h. führt zur Verschiedenheit von Kirche und Staat, und damit zur Entwickelung, nicht zur Aufhebung des Kirchenbegriffs.

Die Kirche im Rechtssinn ist die vom Recht als mit dem Staat ethisch gleichberechtigt behandelte Corporation zur Verwaltung der Heilsmittel. Es steht noch die Frage nach dem rechtlichen Machtverhältniss zwischen Kirchengewalt und Staatsgewalt zur Verhandlung. Die Beantwortung auch dieser Frage ergiebt sich aus dem Begriff von Staat und Kirche, von Staatsgewalt und Kirchengewalt.

Die katholische Kirche fordert die „Freiheit" der Kirche. Sie versteht unter Freiheit der Kirche nicht blos, dass die Kirchengewalt der Staatsgewalt nicht untergeordnet [14]), sondern, dass die

---

[14]) So könnte es nach einigen Aeusserungen scheinen. So z. B. nach der Beschwerdeschrift des apostolischen Stuhls gegen Verfügungen der churfürstlich pfalzbayerischen Regierung v. J. 1803. (Gravamina catholicae Religionis et Ecclesiae), gedruckt als Anhang III. der Schrift »Concordat und Constitutionseid in Bayern« S. 190.: duas potestates a se invicem distinctas, in se perfectas et supremas in ordine suo, ecclesiasticam et politicam. Auf diese Stelle bezieht sich neuerdings der Bischof Ignatius von Regensburg in seinem Hirtenschreiben an den Clerus seiner Diöcese vom 28. October 1870. (Archiv f. kathol. Kirchenrecht, Bd. 25., S. XV.), wo es heisst: es sei »stetige Kirchenlehre«, dass die »weltliche Gewalt in ihrer Ordnung die höchste« sei, allerdings mit dem hinzugefügten Vorbehalt, dass als »geoffenbarte Wahrheit« von der Kirche festgehalten werde, »dass das Irdische dem Himmlischen, das Zeitliche dem Ewigen, das Natürliche dem Uebernatürlichen sich unterordnen müsse, und dass Fürsten wie Völker von dem göttlichen Gesetz nicht exemt, sondern bei Ordnung und Verwaltung des ihnen untergebenen Zeitlichen danach zu handeln verpflichtet seien«. Ebenso die deutschen Bischöfe in ihrem Hirtenbrief an den Clerus vom Mai 1871.: Der Papst hat die Fülle der geistlichen Gewalt, aber diese

Kirchengewalt der Staatsgewalt übergeordnet
sei [15]). Die katholische Kirche will heute wie zu
den Zeiten Gregors VII. und Bonifaz VIII. die
Vereinigung beider Schwerter, der weltlichen
und der geistlichen Gewalt in der Hand der Kirche [16]). Das letzte Ziel der katholischen Kirche
ist, nicht bloss Universalkirche, sondern Uni-
versalstaat zu sein.

Die Kirchenfreiheit im Sinn der katholischen

---

geistliche Gewalt ist »keineswegs schrankenlos. Sie ist
beschränkt durch die geoffenbarte Wahrheit —; sie ist
beschränkt durch die göttliche geoffenbarte Lehre, dass es
neben der kirchlichen auch eine bürgerliche Ordnung giebt,
neben der geistlichen auch eine weltliche Gewalt,
welche ihren Ursprung von Gott hat, welche in ihrer
Ordnung die höchste ist, und welcher man in allen
sittlich erlaubten Dingen dieser Ordnung — gehorchen
muss«. Auch hier ist übrigens der Vorbehalt unzweideutig
ausgedrückt.

[15]) Die Belege sind in der reichen Concilsliteratur neuer-
dings häufig zusammengestellt worden. Die Bulle Bonifaz VIII.
Unam sanctam wird bekanntlich auch von ultramontaner
Seite als ex cathedra erlassen angesehen.

[16]) Interessant ist in dieser Hinsicht die von Döllin-
ger in seiner Erklärung an den Erzbischof von München-
Freysing v. 28. März 1871. citirte Stelle der Civiltà catto-
lica vom 18. März 1871. p. 664.: »Der Papst ist oberster
Richter der bürgerlichen Gesetze. In ihm laufen die beiden
Gewalten, die geistliche und die weltliche in ihrer Spitze
zusammen, denn er ist Stellvertreter Christi, welcher nicht
nur ewiger Priester, sondern auch König der Könige und
Herr der Herrschenden ist« — »der Papst ist kraft seiner
hohen Würde auf dem Gipfel beider Gewalten.«

Kirche widerspricht dem Wesen der Kirche. Die Kirche ist Heilsanstalt, nicht Machtanstalt. Sie ist nicht um der Gewalt willen da. Die Kirchengewalt ist nicht Zweck der Kirche, sondern nur Mittel für die Zwecke der Kirche.

Die Kirchengewalt soll lediglich die Heilsmittelverwaltung ermöglichen. Sie soll nur der Kirche dienen, nicht der Gesellschaft. Sie soll nur den kirchlichen Organismus zusammenhalten, nicht die gesammten Machtverhältnisse beherrschen. Weil die Kirche Heilsanstalt, nicht Machtanstalt ist, ist die Kirchengewalt begrifflich nicht die höchste Gewalt.

Der Staat ist seinem Wesen nach Machtanstalt. Der Staat ist um der Gewalt willen da, ist da, damit ein Herr über den sämmtlichen Machtverhältnissen des menschlichen Gemeinlebens ordnend stehe. Die Staatsgewalt ist begrifflich die höchste Gewalt, ist da, damit jegliche Macht innerhalb des menschlichen Gemeinlebens ihr unterthan sei. Und die Kirchengewalt macht keine Ausnahme von diesem Satz. Der Staat ist dazu da, damit auch die Kirchengewalt seiner Gewalt unterthan sei.

Die Kirchenfreiheit im Sinn der katholischen Kirche, nicht blos sofern sie die Ueberordnung der Kirchengewalt über die Staatsgewalt, sondern auch sofern sie nur die Nichtunterordnung der

Kirchengewalt unter die Staatsgewalt, die rechtliche Gleichberechtigung, d. h. die gleiche Souveränetät von Staatsgewalt und Kirchengewalt fordert, widerspricht dem Wesen der Kirche wie des Staats. Der Staat ist gerade dazu da, damit er die höchste Macht, d. h. der einzige Souverän über den Machtverhältnissen des menschlichen Lebens sei.

Die Kirche bildet keinen Staat über dem Staate, sie bildet keinen Staat neben dem Staate; sie ist eine Corporation im Staat. Durch den Satz, dass die Kirche eine Corporation und zwar eine öffentliche Corporation ist, ist ihr volles Verhältniss zum Staat gegeben. Vorhin ist hervorgehoben, dass die Staatsgewalt nicht Kirchengewalt, dass die Kirchengewalt deshalb nicht Gewalt des Staates, sondern Selbstregierungsgewalt der Kirche, d. h. nicht Staatsgewalt, sondern Corporationsgewalt sei. Hier begegnet uns die Kehrseite des Satzes: so wenig die Staatsgewalt Kirchengewalt, so wenig ist die Kirchengewalt Staatsgewalt. Die Kirchengewalt ist Corporationsgewalt, und nur Corporationsgewalt. Die Kirchengewalt ist als Corporationsgewalt der Gegensatz zu der Staatsgewalt, d. h. zu der höchsten Gewalt. Die Corporationsgewalt ist begrifflich eine unterthane Gewalt. Die Kirchengewalt, ethisch mit der Staatsgewalt gleichberechtigt, ist der Staatsgewalt rechtlich nicht gleichgeordnet, sondern untergeordnet.

So folgt die Kirchenhoheit (jus circa sacra) des Staates über die Kirche, welche von der katholischen Kirche geläugnet wird, aus dem Begriff des Staates wie der Kirche, aus der Thatsache, dass die Kirche nicht Staat, sondern nur Kirche ist, dass auch für die Kirche der Satz gilt: gebet dem Kaiser, was des Kaisers ist. Wir können die Kirchenhoheit des Staates nicht besser wiedergeben als durch die aus dem Vorigen sich ergebende Formel, dass auch die Kirche zu den Unterthanen des Staates zählt.

Kraft seiner Kirchenhoheit ist der Staat berechtigt, von sich aus ohne Consens der Kirche (d. h. ohne Concordat) die Stellung der Kirche zum Staat und zum Recht überhaupt zu bestimmen. Die Gesetzgebung über die äussere Stellung der Kirche ist Staatsgesetzgebung. Der Staat entscheidet, ob die Kirche eine öffentliche Corporation oder nur eine Privatcorporation darstellt. Die katholische Kirche beansprucht, ihre Stellung zum Staat durch ihr eigenes Recht zu normiren. Die katholische Kirche tritt damit in Widerspruch gegen den Begriff der Kirche. Kraft seiner Kirchenhoheit ist der Staat ferner berechtigt, Vereinspolizei gegen die Kirche zu üben, die Ausübung der Kirchengewalt seitens der Kirche zu überwachen, Ausschreitungen der Kirchengewalt zu unterdrücken. Die katholische Kirche läugnet die Kirchenpolizeigewalt des Staates. Sie läugnet eine Consequenz des Kirchenbegriffs.

Es braucht nicht hervorgehoben zu werden, dass die Kirchenhoheit des Staates aus dem Wesen der Kirche als Corporation schlechthin folgt, sei sie öffentliche oder Privatcorporation. Auch die Privatcorporation unterliegt der staatlichen Polizei. Dagegen vermag der Staat die Beeinflussung der Kirchengewalt, jura in sacra, wie früher gezeigt, nur der Kirche gegenüber, welche öffentliche Corporation ist, zu fordern. Hier handelt es sich um eine Beschränkung der Kirchengewalt, welche Wirkung der Privilegirung der Kirchengewalt ist, dort nicht um Beschränkung der Kirchengewalt, sondern nur um Realisirung der aus der Unterthaneneigenschaft jedes Vereins folgenden Staatsgewalt. Die Kirchenhoheit des Staates ist keine Minderung der Kirchengewalt, sondern nur Ausdruck der Gränze, welche durch den Begriff der Kirchengewalt gegeben ist.

Das Vorige können wir dahin zusammenfassen, dass das Verhältniss von Staat und Kirche kein völkerrechtliches, sondern ein staatsrechtliches ist. Völkerrechtlich ist das Verhältniss zweier souveräner Gewalten, deren Machtverhältniss, gerade weil Beide souverän sind, nicht durch Rechtsgesetz, sondern durch Kriegsgesetz sich entscheidet. Das Machtverhältniss von Staat und Kirche ist ein durch Rechtssätze bestimmtes Machtverhältniss. Die Kirche steht dem Staat rechtlich nicht gleich gegenüber. Die Kirche ist nicht fähig, völkerrechtlich mit dem Staat zu pacisciren. Die Concordate sind nicht völkerrechtliche Verträge, sondern nur der Ausdruck eines juristisch irrelevanten Consenses der Kirche zu einem staatlichen Gesetzgebungsact. Die Kirche ist ebenso nicht fähig, völkerrechtlich mit dem Staat Krieg zu führen. Die Auflehnung der Kirche gegen den Staat ist keine rechtlich zulässige Kriegserklärung der einen souveränen Macht gegen die andere, sondern Empörung, Unterthanen-Empörung, und deshalb Rechtsbruch, gerade wie der Consens der Kirche zu der staatlichen Gesetzgebung über das Verhältniss von Staat und Kirche Unterthanen-Consens, und deshalb rechtlich gleichgültig ist. Die Kirche, welche aggressiv gegen den Staat vorgeht, ist im Unrecht, nicht blos vom Standpunkt des Staates, sondern vom absoluten Standpunkt aus. Der Staat ist berechtigt, die Kirche zu überwinden, nicht blos kraft seiner physischen Gewalt, sondern von Rechtswegen. Der Kampf des Staates gegen die Kirche ist kein Krieg im Rechtssinn, sondern ein Kampf des Rechtes gegen das

Unrecht, ist die Vollstreckung des Rechtssatzes, welcher die Kirche als Unterthanin des Staates setzt, ist Execution, nicht Eroberung.

In diesen Sätzen ist die Lösung, und zwar die rechtliche Lösung des Conflictes zwischen Staatsgewalt und Kirchengewalt enthalten, zugleich aber auch die ganze Schwere des Conflicts. Es ist ein Kampf des Staates als der höchsten sittlichen Gewalt nicht gegen die Mächte der Unsittlichkeit, sondern gegen eine andere sittliche Gewalt, ein Kampf, in welchem eine ethische Macht, die Kirche, sich in Widerspruch mit einem ethischen Gesetz, dem Rechtsgesetz, befindet, in welchem auf beiden Seiten die sittliche Ueberzeugung, die Mächtigste der idealen Mächte, die Herzen der Kämpfer zu immer neuem Kampf erregt. Es ist ein Kampf keinem anderen gleich, wohl dazu angethan, einen Mann in seinen innersten Grundvesten zu erschüttern, in welchem es darauf ankommt, aus dem anscheinenden Widerstreit der sittlichen Gehorsamspflichten gegen den Staat und gegen die Kirche den rechten Ausweg, die rechte Lösung zu gewinnen. Wir finden diese Lösung in dem Satz, welcher den Grundgedanken unserer ganzen Darstellung bildet, dass die Kirche dem Staat ethisch gleichgeordnet, rechtlich untergeordnet ist.

Verlag der **H. Laupp'schen Buchhandlung** in **Tübingen.**

Verlagsbericht pro 1872.

— Jurisprudenz und Staatswissenschaft etc. betr. —

Bruns, Prof. Dr. G., **Fontes juris Romani antiqui.** Editio altera aucta emendata. 1 Rthlr. 15 Ngr. — 2 fl. 30 kr.

Friedberg, Prof. Dr. E., Sammlung der **Aktenstücke** zum ersten **vatican. Concil** mit einem Grundrisse der Geschichte desselben. gr. 8. XIII & 60 Bog. broch. Rthlr. 5. 10. fl. 9. 20 kr.

Friedberg, Prof. Dr. E., Die **Gränzen zwischen Staat und Kirche** und die Garantieen gegen deren Verletzung. Historisch-dogmatische Studie mit Berücksichtigung der deutschen und ausserdeutschen Gesetzgebungen und einem Anhange theils ungedruckter Actenstücke. 3 Abthlgn. gr. 8. XII & 60 Bog. broch. Rthlr. 5. — fl. 8. 24 kr.

Hamilton, W. G., **parlamentarische Logik, Taktik und Rhetorik.** Aus dem Englischen übersetzt und nach Materien geordnet. **Zweite Aufl.** gr. 8. VIII & 5 Bogen broch. Rthlr. — 15 Ngr. — 48 kr.

Mandry, Prof. Dr. G., Das gemeine **Familiengüterrecht** mit Ausschluss des ehemaligen Güterrechtes. I. Band. gr. 8. broch. 3 Rthlr. 10 Ngr. — 5 fl. 36 kr.

Mohl, M., **Zur Münzfrage.** 1 fl. — 18 Ngr.

— — **Rob. v.,** Geschichtliche Nachweisungen über die **Sitten und das Betragen der Tübinger Studirenden** während des 16. Jahrh. **Zweite Aufl.** Mit 1 Ansicht von Tübingen im 16. Jahrh. gr. 8. broch. — 10 Ngr. — 36 kr.

— — **Rob. v., Encyklopädie der Staatswissenschaften. Zweite** durchaus umgearbeitete Auflage. Lex. 8. XII & 49 Bog. broch. Rthlr. 4. 10 Ngr. fl. 7. 20 kr.

Reichsverfassung, die Deutsche, nebst den Versailler und Berliner Verträgen. Mit Einleitung und Register. 16. broch. — . 10 Ngr. — 36 kr.

Roth von Schreckenstein, Dr. C. H., Freiherr, Geschichte der ehemaligen freien **Reichsritterschaft** in Franken, Schwaben und am Rheinstrome. **Zwei Bände.** gr. 8. compl. 7 Rthlr. 10 Ngr. — 12 fl. —

Roth, Prof. Dr. P., (in München) **Bayrisches Civilrecht.**
Zweiter Theil. Lex. 8. XVI & 38 Bog. broch. Rthlr. 4.
— Ngr. fl. 6. 48 kr.

Früher erschien:

Roth, Prof. Dr. P., (in München) **Bayrisches Civilrecht.**
Erster Theil. Lex. 8. XVI & 35 Bog. broch. Rthlr. 3.
15 Ngr. fl. 6. —

(Der 3. Band (Schluß des Werkes) erscheint im Laufe
dieses Jahres.)

Schwegler, Prof. Dr. A., **Römische Geschichte** III. Band. 2. un-
veränderte Auflage. gr. 8. XLII & 24 Bog. broch.
Rthlr. 2. — fl. 3. 24 kr.

Mit diesem 3. Band ist das klassische Werk nun vollständig
in 2. Auflage erschienen. — Jeder Band und jede Abtheilung
wird auch einzeln abgegeben. —

Thudichum, Prof. Dr. F., **Herr Ludwig von Rönne** im Schmuck
fremder Federn.

Winter, Aug., Der **Bundesrath** und die **Reichsoberhausfrage**
gr. 8. 10 Bog. broch. Rthlr. — 18 Ngr. fl. 1. —

Zeitschrift für Kirchenrecht. Unter Mitwirkung von D
F. Bluhme, Dr. E. Herrmann, Dr. P. Hinschius, D
B. Hübler, Dr. A. v. Scheurl, Dr. H. Wasserschleben
u. A. herausgegeben von Prof. Dr. **Richard Dove** i
Göttingen, und Prof. Dr. **Emil Friedberg** zu Leipzi
XI. Ban 1—3. Heft. gr. 8. broch. Rthlr. 3. — fl.
12 kr. d

☞ pro Bd. v. 4 Heften.

Diese Zeitschrift erscheint in z w a n g l o s e n Heften.

Zeitschrift für die gesammte Staatswissenschaft. In Ve
bindung mit Prof. G. Hanssen, Prof. Helferich,
v. Mohl, Prof. Roscher und Dr. A. E. F. Schäffle
Wien, herausgegeben von den Mitgliedern der staat
wirthschaftlichen Fakultät in Tübingen, v. Schü
Hoffmann, Weber, Fricker u. Hack. 28. Bd. Jhrg. 187
compl. gr. 8. Rthlr. 4. 20 Ngr. fl. 8. —

Das 1. Heft pro 1873 (**29. Band**) ist soeben ausgegebe
worden.